Abnehmen ist kein Sprint, sondern es kommt darauf an, dabeizubleiben.

Jana, WW Teilnehmer

Inhalt

Rezeptinfos

**SmartPoints Wert
pro Person / Glas / Stück**

 vegetarisch

 vegan

 glutenfrei

 laktosefrei

 nussfrei

Die Kennzeichnung wie zum Beispiel „vegetarisch", „vegan", „gluten-", „laktose-" oder „nussfrei" bei den Rezepten ist rein informativ und nicht verbindlich. Es liegt in der persönlichen Verantwortung zu prüfen, ob die verwendeten Lebensmittel die Anforderungen erfüllen.

Dürfen wir vorstellen: _meinWW™_! Mit diesem einzigartigen Programm findest du den richtigen Weg für dich. Wenn es ums Abnehmen geht, hat jeder seine eigenen Vorstellungen und Bedürfnisse. Was für den einen gut funktioniert, ist für jemand anderen vielleicht weniger geeignet. Deshalb bieten wir dir ab sofort mehr als eine Möglichkeit, mit WW abzunehmen und einen gesunden Lifestyle zu etablieren!

Die Grundlage bildet ein Ernährungskonzept, das auf ernährungswissenschaftlichen Erkenntnissen basiert. So bekommt dein Körper alles, was er braucht. Zusätzlich bekommst du Verhaltensstrategien an die Hand, die dir dabei helfen, gesunde Gewohnheiten zu entwickeln. Egal, ob es um gesündere Ernährung, einen aktiveren Lebensstil oder darum geht, deine Einstellung positiv zu verändern: Du setzt dir kleine, leicht erreichbare Ziele, die du nach und nach in deinen Alltag integrierst. Denn bei uns geht es um mehr als nur Abnehmen – es geht um langfristigen Erfolg. Es gibt 3 Wege, mit meinWW™ abzunehmen. Die 3 Pläne unterscheiden sich in der Anzahl der ZeroPoint™ Lebensmittel und der Höhe der täglichen SmartPoints®. Egal, ob du dich für Grün, Blau oder Lila entscheidest: Du kannst weiterhin alle Lebensmittel genießen, die du gerne magst. Hier findest du eine Übersicht zu den 3 Plänen:

Grüner Plan

100+ ZeroPoint™ Foods:

Obst und Gemüse

Mindestens 30 tägliche SmartPoints®

Blauer Plan

200+ ZeroPoint™ Foods:

Obst, Gemüse und eiweißreiche Lebensmittel wie Geflügel, Fisch, Eier, Quark, Hülsenfrüchte oder Tofu

Mindestens 23 tägliche SmartPoints®

Lila Plan

300+ ZeroPoint™ Foods:

Obst, Gemüse, eiweißreiche Lebensmittel sowie Kartoffeln und ausgewählte Vollkornprodukte

Mindestens 16 tägliche SmartPoints®

SmartPoints®

Die Basis bildet unser SmartPoints® System, das komplexe Ernährungsinformationen zu einer einfachen Zahl zusammenfasst: dem SmartPoints® Wert. Dein SmartPoints® Budget wird individuell für dich berechnet. Es besteht aus täglichen und wöchentlichen SmartPoints® und basiert auf Alter, Gewicht, Größe und Geschlecht. Wenn du dich an dein SmartPoints® Budget hältst, nimmst du ab, und zwar bis zu 1 Kilo pro Woche.

ZeroPoint™ Foods

ZeroPoint™ Lebensmittel haben 0 SmartPoints®. Warum? Weil diese Lebensmittel die Grundlage für eine gesunde Ernährung bilden und wir dich darin bestärken möchten, hier öfter zuzugreifen. 0 Punkte Lebensmittel musst du weder wiegen, noch abmessen, zählen oder aufschreiben – und du nimmst dabei trotzdem ab. Seit Einführung der ZeroPoint™ Lebensmittel sind unsere Teilnehmer sogar noch erfolgreicher*. Lass dich überraschen, wie vielfältig und abwechslungsreich Kochen mit den 0 Punkte Lebensmitteln sein kann. Genieß es und gönne dir mehr Flexibilität und Freiheit im Alltag!

*Six-month pre-post study conducted by the University of North Carolina funded by WW. Weight data reported by trial participants after 6 months on WW Freestyle.

Jana, -15 kg
WW Teilnehmer

Getestet
von Jana.

Jana hat verschiedene Rezepte aus diesem
Kochbuch für euch getestet und zahlreiche
interessante Tipps zusammengestellt.

Abnehmen und Halten:

Ich habe die richtige Balance gefunden!

Du hast im WW Studio 15 Kilo in acht Monaten abgenommen, dann gut ein halbes Jahr Pause gemacht und gehst jetzt die letzten fünf Kilo an...

Die Pause hatte ich allerdings nicht geplant. Ich fühlte mich schon super wohl und irgendwie lief es auch nicht mehr so richtig. Deshalb wollte ich erstmal schauen, wie das mit dem Halten funktioniert.

Und was ist einfacher: Abnehmen oder Halten?

Tatsächlich musste ich erst eine Balance finden, wie viel ich essen kann, ohne zuzunehmen. Ich habe es dann so gemacht, dass ich mir vor allem am Wochenende etwas gegönnt habe. Ich esse auch nach wie vor nicht jeden Tag ein Stück Schokolade, sondern lieber an einem Tag in der Woche eine Reihe. So bleibt Süßes etwas Besonderes und wird nicht wieder zur Gewohnheit.

Was hat dir dabei geholfen?

Zum einen der Workshop. Auch während des Haltens bin ich alle zwei Wochen hingegangen, – jetzt, wo ich die letzten Kilo verlieren will, wieder wöchentlich! Zum anderen die Community in der WW App.

Was hast du in Sachen Ernährung noch verändert?

Ich esse nichts mehr zwischendurch, denn dadurch hatte ich schleichend zugenommen. Als ich mit WW anfing aufzuschreiben, was ich am Tag alles esse, habe ich gedacht: Kein Wunder... Außerdem koche ich mehr und nehme mein eigenes Essen mit ins Büro.

Wie fühlst du dich heute?

Viel fitter, viel selbstbewusster. Früher habe ich jedes Foto von mir gelöscht, deshalb gibt es auch wirklich kaum Vorher-Bilder von mir. Heute mache ich das nicht mehr.

Janas Erfolgstipps

– Warum warten, wenn man etwas sofort machen kann? Eine Arbeitskollegin hatte mir beim Mittagessen von WW vorgeschwärmt und ich bin noch am selben Abend ins Studio gegangen.

– Bei Stillstand auf der Waage habe ich mich auch mal gemessen – beim Umfang tut sich dann doch oft etwas.

– Belohnt euch zwischendurch: Ich habe mir mal einen Besuch bei der Kosmetikerin gegönnt oder eine neue Sporthose.

Bewusster backen mit weniger Zucker und weniger Fett

Ausgewogen ernähren und trotzdem Naschen? Mit WW kein Problem! In diesem Kochbuch findest du eine Vielzahl von Rezepten, die mit weniger Fett und weniger Zucker auskommen als herkömmliche Backrezepte. So passen sie perfekt in dein SmartPoints Budget.

Damit du jedoch nicht nur die Rezepte in diesem Buch genießen, sondern auch deine persönlichen Lieblings-Rezepte etwas „leichter" machen kannst, haben wir viele wertvolle Tipps & Tricks für dich. Denn Zucker und Fett einzusparen ist eigentlich ganz einfach, und schon mit kleinen Änderungen lässt sich viel bewirken.

Weniger Zucker bei vollem Genuss

Die einfachste Methode, Zucker einzusparen: Bei eigentlich allen herkömmlichen Backrezepten kann ein Teil des enthaltenen Zuckers einfach weggelassen werden. Am besten nimmst du ein Rezept, das du kennst und tastest dich langsam heran, welche Reduzierung das Rezept „verträgt". Starte mit einer kleinen Menge, die du weglässt. Wenn das Ergebnis deinem Geschmack entspricht, lässt du beim nächsten Backen noch etwas mehr Zucker weg.

Süßer Ersatz

> Auf Fruchtsüße setzen statt auf Haushaltszucker: Obstkuchen enthalten die natürliche Süße aus Früchten und müssen nicht so stark gesüßt werden.

> Zerdrückte Bananen, pürierte Datteln und anderes Trockenobst wie Rosinen sowie Apfelmus ohne zugesetzten Zucker süßen das Gebäck auf natürliche Weise. Aber Vorsicht: Das bedeutet nicht, dass du nicht auch SmartPoints berechnen musst.

> Für volles Aroma Gewürze wie Vanille, Zimt, Anis oder abgeriebene Zitrusfruchtschalen zugeben. Viele Gewürzhersteller haben auch fertige Würzmischungen für süße Backwaren, mit denen du ganz einfach neue Geschmacksrichtungen in deine Rezepturen bringen kannst.

Fettarm backen

Fett in Kuchenteigen lässt sich meist nicht so einfach reduzieren wie Zucker, da der Teig schnell zu fest und zu trocken wird. Hier ist es besser, Butter oder Margarine durch andere Zutaten zu ersetzen:

> Einen Teil der Butter oder Margarine kannst du ganz einfach durch Halbfettmargarine ersetzen.

> Wenn du keine Halbfettmargarine verwenden möchtest, ersetze stattdessen einen Teil des Fetts durch Magerquark oder Joghurt.

> Tauschst du einen Teil des Fetts durch Apfelmus aus, dann lässt sich gleichzeitig der Zucker etwas reduzieren.

> Statt bei Torten Cremes aus Sahne zu verwenden, kannst du auf fettarme Alternativen aus Quark, Frischkäse und Joghurt zurückgreifen.

Auch hier gilt: Bei bekannten Rezepten langsam herantasten, wieviel Austausch das Rezept verträgt. Du wirst sehen: Das Experimentieren in der Küche macht Spaß und kann Punkte und Kalorien sparen.

WW unterstützt dich dabei, gesünder zu essen. Die SmartPoints bewerten jedes Lebensmittel ganzheitlich und zeigen dir auf einen Blick, ob du ein Lebensmittel für jeden Tag oder ein Genussmittel vor dir hast und helfen dir, bewusster auszuwählen. Butter, Margarine und Zucker haben hohe SmartPoints Werte, deshalb sind die enthaltenen Mengen in WW Rezepten geringer als in herkömmlichen Rezepten. Zusätzlich verzichten wir im Sinne einer ausgewogenen Ernährung auf künstliche Zutaten und Zusatzstoffe und damit auch auf Süßstoffe.

Kuchen & Torten

Drip-Drop-Beerentorte

Für 8 Stücke   Zubereitungszeit 40 Min.   Garzeit 25 Min.   Kühlzeit 2 Std. 20 Min.

978 kJ | 234 kcal

1 unbehandelte Zitrone
3 Eier (Größe M)
1 Prise Salz
100 g Zucker
2 TL abgeriebene unbe-
   handelte Zitronenschale
1 Päckchen Vanillezucker
60 g Mehl
1/2 TL Backpulver
200 g Brombeeren
70 g Sahne
500 g Skyr, Natur
200 g Frischkäse,
   bis 5 % Fett absolut
1 Beutel Sofort-Gelatine
2 EL Zitronensaft
200 g Himbeeren
1 TL Speisestärke
2 EL Wasser

1 Backofen auf 180° C (Gas: Stufe 2, Umluft: 160° C) vorheizen. Eier trennen und Eiklar mit Salz und 40 g Zucker
   steif schlagen. Eigelb mit 1 TL Zitronenschale, Vanillezucker und 20 g Zucker schaumig schlagen. Eischnee,
   Mehl und Backpulver dazugeben und unterheben.

2 Teig in einer mit Backpapier ausgelegten Springform
   (Ø 16 cm) verstreichen, im Backofen auf mittlerer Schiene ca. 25 Minuten backen und ca. 30 Minuten auskühlen
   lassen. Biskuit waagerecht zweimal durchschneiden.

3 Brombeeren waschen, trocken tupfen, 125 g Brombeeren
   pürieren und durch ein Sieb streichen. Sahne steif schlagen. Für die Creme Skyr mit Frischkäse, Sofort-Gelatine
   und restlichem Zucker verrühren. Sahne unterheben.
   Die Hälfte der Creme mit Brombeerpüree verrühren.
   Restliche Creme mit restlicher Zitronenschale und 2 EL
   Zitronensaft verrühren.

4 Oberen Biskuitboden in einen Tortenring geben und mit
   Brombeercreme bestreichen. Weiteren Biskuit auflegen,
   mit Zitronencreme bestreichen und mit letztem Biskuit
   abdecken. Torte ca. 90 Minuten kalt stellen.

5 Himbeeren waschen, trocken tupfen, 125 g Himbeeren
   pürieren und durch ein Sieb streichen. Stärke mit Wasser anrühren. Himbeerpüree in einem Topf auf mittlerer
   Stufe erhitzen, Stärkemischung dazugeben, aufkochen
   und ca. 10 Minuten abkühlen lassen. Tortenring entfernen und Himbeerguss über die Torte gießen, sodass
   einige Tropfen herunterlaufen. Guss ca. 10 Minuten abkühlen lassen, Torte mit restlichen Beeren garnieren
   und Drip-Drop-Beerentorte servieren.

Aprikosengalette mit Pistazien

Für 12 Stücke   Zubereitungszeit 20 Min.   Garzeit 30 Min.

704 kJ | 168 kcal

1 Vanilleschote
220 g Mehl
80 g Zucker
100 g Halbfettmargarine
3 Eigelb (Größe M)
80 ml kaltes Wasser
500 g Aprikosen
2 EL kalorienreduzierte
   Aprikosenkonfitüre
2 EL gehackte Pistazien

1 Backofen auf 180° C (Gas: Stufe 2, Umluft: 160° C) vorheizen. Vanilleschote längs aufschneiden und das Mark
   herauskratzen. Mehl mit Zucker, Margarine, Vanillemark,
   2 Eigelb und Wasser zu einem Teig verkneten.

2 Aprikosen waschen, halbieren und die Steine entfernen.
   Teig auf einem mit Backpapier ausgelegten Backblech
   rund (Ø 30 cm) ausrollen.

3 Aprikosen auf dem Teig verteilen, dabei rundherum einen
   3–4 cm breiten Rand frei lassen und Aprikosen mit Konfitüre bestreichen. Ränder nach innen umklappen und mit
   restlichem Eigelb bestreichen. Aprikosengalette mit
   Pistazien bestreuen, im Backofen auf mittlerer Schiene
   ca. 30 Minuten backen und servieren.

WW Way
Mit Halbfettmargarine und kalorienreduzierter Konfitüre
lassen sich ganz einfach Kalorien bzw. SmartPoints sparen.

Tiramisu-Torte mit Quarkcreme

Für 12 Stücke   Zubereitungszeit 25 Min.   Garzeit 15 Min.   Kühlzeit 3 Std. 30 Min.

589 kJ | 141 kcal

2 Eier (Größe M)
80 g Zucker
2 EL Wasser
50 g Mehl
1/2 TL Backpulver
8 Löffelbiskuits
50 ml Kaffee
1 Vanilleschote
500 g Magerquark
300 g Crème légère
3 Blatt Gelatine
1 TL Kakaopulver
1 TL Espressopulver
 (Instant)

1 Backofen auf 180° C (Gas: Stufe 2, Umluft: 160° C) vorheizen. Eier trennen und Eiklar steif schlagen. Eigelb mit 40 g Zucker und Wasser schaumig schlagen. Mehl und Backpulver dazugeben und mit Eischnee vorsichtig unterheben.

2 Teig in eine mit Backpapier ausgelegte Springform (Ø 26 cm) geben, im Backofen auf mittlerer Schiene ca. 15 Minuten backen und ca. 30 Minuten auskühlen lassen.

3 Löffelbiskuits in Stücke schneiden und mit Kaffee beträufeln. Für die Creme Vanilleschote längs aufschneiden, das Mark herauskratzen und mit Quark, restlichem Zucker und Crème légère verrühren.

4 Gelatine nach Packungsanweisung einweichen und auflösen. 5 EL Creme nach und nach unter die Gelatine rühren und mit restlicher Creme verrühren. Löffelbiskuits unter die Creme heben, Creme auf dem Boden verstreichen und ca. 3 Stunden kalt stellen. Kakaopulver mit Espressopulver vermischen. Tiramisu-Torte mit Espresso-Kakao-Mischung bestäuben und sofort servieren.

Veggie-Tipp

Wenn du auf Gelatine verzichten möchtest, kannst du den Biskuit auch in einer Auflaufform (ca. 20 x 25 cm) backen, die Löffelbiskuit-Creme ohne Gelatine zubereiten, darauf verstreichen und kalt stellen. Serviere das Tiramisu dann wie ein Dessert.

Nicecream-Torte

Für 12 Stücke   **Zubereitungszeit 20 Min.**   **Kühlzeit 5 Std.**

662 kJ | 158 kcal

12 reife Bananen
1 EL Kokosraspel
200 ml entrahmte Milch
100 ml fettreduzierte
**   Kokosmilch**
2 EL Kakaopulver

1 Jeweils 4 Bananen schälen, in Scheiben schneiden, in einen Gefrierbeutel geben und ca. 4 Stunden gefrieren lassen.

2 Kokosraspel fettfrei in einer Pfanne auf mittlerer Stufe 2–3 Minuten rösten. Eine Portion Bananen mit 100 ml Milch pürieren, auf dem Boden einer mit Backpapier ausgelegten Springform (Ø 26 cm) verstreichen und ca. 15 Minuten gefrieren lassen.

3 Ein weiteres Drittel der Bananen mit Kokosmilch pürieren, in die Springform geben, auf der Nicecream verstreichen und ca. 15 Minuten gefrieren lassen.

4 Restliche Bananen mit restlicher Milch und Kakaopulver pürieren, in die Springform geben, auf der Kokosnicecream verstreichen, mit Kokosraspeln bestreuen und ca. 30 Minuten gefrieren lassen. Nicecream-Torte servieren.

Schon gewusst?

Cremig-süßes Eis, ganz ohne Zucker und Sahne?
Mit Nicecream kein Problem! Hier sind reife Bananen
die Basis, die sich mit weiteren Zutaten nach Lust und
Laune verfeinern lassen.

Himbeertorte mit Schokofäden

Für 12 Stücke   Zubereitungszeit 45 Min.   Garzeit 20 Min.   Kühlzeit 2 Std. 40 Min.

595 kJ | 142 kcal

3 Eier (Größe M)
90 g Zucker
50 g Mehl
3 EL Kakaopulver
1 TL Backpulver
200 g Himbeeren
50 g Puderzucker
3 Blatt Gelatine
200 g Frischkäse,
   bis 5 % Fett absolut
100 ml Cremefine zum
   Aufschlagen
20 g Zartbitter-Schokolade

1 Backofen auf 180° C (Gas: Stufe 2, Umluft: 160° C) vorheizen. Eier trennen und Eiklar mit 40 g Zucker steif schlagen. Eigelb mit restlichem Zucker schaumig schlagen. Mehl, Kakaopulver und Backpulver dazugeben und mit Eischnee vorsichtig unterheben.

2 Teig in eine mit Backpapier ausgelegte Springform (Ø 22 cm) geben, im Backofen auf mittlerer Schiene ca. 20 Minuten backen und ca. 30 Minuten auskühlen lassen.

3 Himbeeren waschen, trocken tupfen, pürieren, durch ein Sieb streichen und mit 20 g Puderzucker verrühren. Gelatine nach Packungsanweisung einweichen und auflösen. 5 EL Püree nach und nach unter die Gelatine rühren und mit restlichem Püree verrühren.

4 Für die Creme Frischkäse mit restlichem Puderzucker verrühren und die Hälfte des Pürees unterrühren. Cremefine steif schlagen, unterheben und Creme ca. 10 Minuten kalt stellen. Biskuit waagerecht halbieren und oberen Biskuit mit Himbeerpüree bestreichen. Restlichen Biskuit daraufsetzen und Torte mit Creme kuppelförmig bestreichen. Torte ca. 2 Stunden kalt stellen.

5 Schokolade in einem warmen Wasserbad schmelzen. Eine Gabel in die Schokolade tauchen und mit schnellen Zick-Zack-Bewegungen über der Torte verteilen. Himbeertorte nach Wunsch mit Himbeeren garniert servieren.

Birnen-Zimt-Kuchen

Für 12 Stücke   Zubereitungszeit 40 Min.   Garzeit 35 Min.   Kühlzeit 30 Min.

711 kJ | 170 kcal

**150 g vegane
   Halbfettmargarine
100 g Zucker
einige Tropfen
   Butter-Vanille-Aroma
200 g Mehl
1 TL Backpulver
1 TL Zimt
100 ml Sojadrink, Natur
30 ml Wasser
3 Birnen**

1 Backofen auf 200° C (Gas: Stufe 3, Umluft: 180° C) vorheizen. Margarine mit Zucker und Butter-Vanille-Aroma schaumig schlagen. Mehl mit Backpulver und Zimt mischen, mit Sojadrink und Wasser unterrühren und Teig in eine mit Backpapier ausgelegte Springform (Ø 26 cm) füllen.

2 Birnen vierteln, entkernen, schälen, der Länge nach mehrfach einschneiden und in den Teig drücken. Birnen-Zimt-Kuchen im Backofen auf mittlerer Schiene 30–35 Minuten backen, ca. 30 Minuten abkühlen lassen und servieren.

Janas Tipp:

Der Kuchen ist schnell und einfach gemacht. Du kannst ihn auch super mit Äpfeln statt Birnen zubereiten. Oder versuche eine sommerliche Version mit Aprikosen. In dem Fall tausche den Zimt doch gegen 1 TL abgeriebene unbehandelte Zitronen-schale aus.

Das Plus an Inhaltsstoffen

Wenn du einen Teil des normalen Mehls durch Vollkorn-mehl ersetzt, erhältst du eine Extraportion Ballaststoffe, B-Vitamine und Mineralstoffe. Da es intensiver schmeckt als herkömmliches Mehl, ersetze nur einen Teil und probiere aus, wie es dir am besten schmeckt. Gegebenenfalls brauchst du bei Vollkornmehl etwas mehr Wasser.

Heidelbeertarte mit Minzguss

Für 12 Stücke   Zubereitungszeit 25 Min.   Garzeit 45 Min.   Kühlzeit 60 Min.

697 kJ | 167 kcal

4 Eier (Größe M)
60 g Halbfettmargarine
100 g Zucker
180 g Mehl
1 EL Kakaopulver
1/2 TL Backpulver
1 Prise Salz
200 g Heidelbeeren
3 Stängel Minze
150 g Crème légère
100 ml entrahmte Milch

1 Backofen auf 180° C (Gas: Stufe 2, Umluft: 160° C) vorheizen. 1 Ei mit Margarine, 50 g Zucker, Mehl, Kakaopulver, Backpulver und Salz zu einem glatten Teig verkneten. Teig zwischen Frischhaltefolie rund ausrollen und eine Tarteform (Ø 26 cm) damit auskleiden, dabei einen ca. 2 cm hohen Rand formen.

2 Teig mehrfach mit einer Gabel einstechen, mit Backpapier abdecken, mit 500 g trockenen Hülsenfrüchten beschweren und im Backofen auf mittlerer Schiene 10–15 Minuten blind backen. Backpapier mit Hülsenfrüchten entfernen.

3 Heidelbeeren waschen und trocken tupfen. Für den Guss Minze waschen, trocken schütteln, hacken und mit restlichen Eiern, Crème légère, Milch und restlichem Zucker verrühren.

4 Guss auf den Boden gießen, Heidelbeeren darauf verteilen und Kuchen im Backofen auf mittlerer Schiene ca. 30 Minuten backen. Heidelbeertarte ca. 60 Minuten auskühlen lassen und servieren.

Die Heidelbeertarte ...
... schmeckt am besten gut gekühlt aus dem Kühlschrank.

Beim Blindbacken ...
... wird der Teigboden ohne Füllung oder Belag vorgebacken, damit der Teig nicht durchweicht oder aus der Form gerät. Zum Blindbacken eignen sich getrocknete Erbsen, Linsen oder auch Reis, die du mehrfach verwenden kannst.

Erdbeerkuchen mit Zitronen-Buttermilch-Creme

Für 12 Stücke Zubereitungszeit 25 Min. Garzeit 15 Min. Kühlzeit 3 Std. 40 Min.

490 kJ | 117 kcal

3 Eier (Größe M)
110 g Zucker
3 EL Wasser
60 g Mehl
1 TL Backpulver
1/2 unbehandelte Zitrone
300 ml Buttermilch
125 ml Cremefine zum
Aufschlagen
6 Blatt Gelatine
250 g Erdbeeren

1 Backofen auf 180° C (Gas: Stufe 2, Umluft: 160° C) vorheizen. Eier trennen und Eiklar mit 30 g Zucker steif schlagen. Eigelb mit 40 g Zucker und Wasser schaumig schlagen. Mehl, Backpulver und Eischnee dazugeben und unterheben.

2 Teig in eine mit Backpapier ausgelegte Springform (Ø 26 cm) füllen, glatt streichen, im Backofen auf mittlerer Schiene ca. 15 Minuten backen und ca. 25 Minuten auskühlen lassen.

3 Für die Creme 1 TL Zitronenschale abreiben, Zitronenhälfte auspressen und Buttermilch mit 1 EL Zitronensaft, Zitronenschale und restlichem Zucker verrühren. Cremefine steif schlagen und unterheben.

4 Gelatine nach Packungsanweisung einweichen und auflösen. 5 EL Creme nach und nach unter die Gelatine rühren und mit restlicher Creme verrühren. Creme auf dem Boden verstreichen und ca. 15 Minuten kalt stellen.

5 Erdbeeren waschen, trocken tupfen und in Scheiben schneiden. Erdbeerscheiben dachziegelartig auf der Creme verteilen und ca. 3 Stunden kalt stellen. Erdbeerkuchen servieren.

WW Way

Bereite deine Cremes mit Buttermilch zu, so kannst du Kalorien bzw. SmartPoints sparen.

Donauwellenschnitten

Für 20 Stücke   Zubereitungszeit 45 Min.   Garzeit 20 Min.   Kühlzeit 65 Min.

636 kJ | 152 kcal

85 g Halbfettmargarine
110 g Zucker
5 Eier (Größe M)
250 g Mehl
2 TL Backpulver
1 EL Kakaopulver
1 Glas Sauerkirschen ohne Zucker (370 g Abtropfgewicht)
400 ml fettarme Milch
1 Päckchen Vanillepuddingpulver
300 g Magerquark
50 g Zartbitter-Schokolade

1 Backofen auf 180° C (Gas: Stufe 2, Umluft: 160° C) vorheizen. 80 g Margarine mit 70 g Zucker schaumig schlagen und Eier nacheinander unterrühren. Mit Mehl und Backpulver vermischen, Teig halbieren und eine Hälfte mit Kakaopulver verrühren.

2 Ein Backblech mit restlicher Margarine fetten, einen Backrahmen (ca. 28 x 30 cm) daraufsetzen und hellen Teig darin verstreichen. Dunklen Teig daraufgeben. Kirschen abtropfen lassen, 250 g Kirschen auf dem Teig verteilen und Kuchen im Backofen auf mittlerer Schiene ca. 20 Minuten backen. Kuchen ca. 20 Minuten auskühlen lassen.

3 Milch mit restlichem Zucker in einem Topf auf niedriger Stufe erhitzen. Puddingpulver einrühren, aufkochen und ca. 15 Minuten abkühlen lassen. Pudding mit Quark verrühren, auf dem Kuchen verstreichen und ca. 30 Minuten kalt stellen.

4 Schokolade in einem warmen Wasserbad schmelzen. Kuchen mit restlichen Kirschen belegen. Eine Gabel in die Schokolade tauchen, mit schnellen Zick-Zack-Bewegungen über dem Kuchen verteilen, kurz trocknen lassen und Donauwellenschnitten servieren.

WW Way

Im Gegensatz zu herkömmlichen Rezepten werden diese Donauwellen nur mit Schokoladenfäden garniert. So lassen sich reichlich SmartPoints sparen.

Ananas-Reis-Torte mit Kokosboden

Für 12 Stücke   Zubereitungszeit 35 Min.   Garzeit 35 Min.   Kühlzeit 2 Std. 30 Min.

818 kJ | 196 kcal

100 g zarte Haferflocken
30 g Kokosraspel
50 g Löffelbiskuits
130 g Halbfettmargarine
1/2 Ananas
150 g trockener Milchreis
450 ml Wasser
1 TL Zitronensaft
100 g fettarmer Joghurt
80 g Zucker

1   Haferflocken und Kokosraspel in einer Pfanne fettfrei auf mittlerer Stufe 3–4 Minuten rösten. Löffelbiskuits in einen Gefrierbeutel geben und mit einem Nudelholz oder Fleischklopfer zerkleinern. Margarine in einem Topf auf mittlerer Stufe schmelzen und mit Haferflocken, Löffelbiskuits und Kokosraspeln verkneten. Kokosmasse in einer mit Backpapier ausgelegten Springform (Ø 26 cm) verteilen, fest andrücken und ca. 30 Minuten kalt stellen.

2   Ananas schälen, vierteln, den Strunk entfernen, Ananas fein würfeln und 2 EL beiseitestellen. Milchreis nach Packungsanweisung in Wasser garen, bis das Wasser verkocht ist. Ananas unterheben und kurz mitgaren. Zitronensaft mit Joghurt und Zucker verrühren und unter den Milchreis heben.

3   Milchreis-Ananas-Mischung noch warm auf dem Boden verteilen und Torte ca. 2 Stunden auskühlen lassen. Ananas-Reis-Torte mit restlichen Ananaswürfeln garnieren und servieren.

Zwetschgenwähe

Für 12 Stücke   Zubereitungszeit 30 Min.   Garzeit 40 Min.

635 kJ | 152 kcal

4 Eier (Größe M)
40 g Halbfettmargarine
160 g Mehl
80 g Zucker
1 TL Zimt
500 g Zwetschgen
1 EL Paniermehl
100 ml fettarme Milch
1 Päckchen Vanillepudding-
pulver

1 1 Ei mit Margarine, Mehl, 40 g Zucker und 1 Msp. Zimt zu einem Mürbeteig verkneten. Zwetschgen waschen, halbieren und die Steine entfernen. Backofen auf 200° C (Gas: Stufe 3, Umluft: 180° C) vorheizen.

2 Teig zwischen Frischhaltefolie ausrollen und eine mit Backpapier ausgelegte Springform (Ø 26 cm) damit auslegen, dabei einen ca. 2 cm hohen Rand formen. Teig mit Paniermehl bestreuen, Zwetschgen mit der Schnittfläche nach oben auf den Teig legen und mit restlichem Zimt bestreuen.

3 Für den Guss restliche Eier mit restlichem Zucker, Milch und Puddingpulver verquirlen und über die Zwetschgen geben. Im Backofen auf mittlerer Schiene ca. 40 Minuten backen und Zwetschgenwähe servieren.

Als Wähe …

… werden flache Kuchen aus der Schweiz bezeichnet, die einen Milch-Eier-Guss haben.

Schoko-Creme-Torte mit Beerenspiegel

Für 12 Stücke **Zubereitungszeit 55 Min.** **Garzeit 25 Min.** **Kühlzeit 2 Std. 40 Min.**

621 kJ | 148 kcal

400 g Beerenmischung (TK)
3 Eier (Größe M)
3 EL kaltes Wasser
1 Prise Salz
105 g Zucker
100 g Mehl
1 TL Backpulver
4 EL Kakaopulver
125 ml Cremefine zum Aufschlagen
1 Vanilleschote
150 ml Traubensaft
2 EL Speisestärke
2 TL abgeriebene unbehandelte Zitronenschale

1 Beerenmischung auftauen lassen. Backofen auf 180° C (Gas: Stufe 2, Umluft: 160° C) vorheizen. Eier trennen. Eiklar mit Wasser und Salz steif schlagen. Eigelb mit 100 g Zucker ca. 8 Minuten schaumig schlagen. Mehl, Backpulver und Kakaopulver mischen.

2 Eischnee und Mehlmischung auf die Zucker-Eigelb-Masse geben und vorsichtig unterheben. Teig in einer mit Backpapier ausgelegten Springform (Ø 26 cm) verstreichen, im Backofen auf mittlerer Schiene ca. 20 Minuten backen und ca. 30 Minuten auskühlen lassen.

3 Cremefine steif schlagen und mit restlichem Zucker verfeinern. Creme auf dem Boden verteilen und ca. 60 Minuten kalt stellen. Beerenmischung pürieren und passieren. Vanilleschote längs aufschneiden und das Mark herauskratzen. 50 ml Saft mit Stärke anrühren. Restlichen Saft mit Vanillemark und Beerenpüree in einem Topf auf mittlerer Stufe erhitzen, Stärke einrühren und ca. 2 Minuten einkochen lassen. Beerenpüree ca. 10 Minuten abkühlen lassen.

4 Beerenpüree auf der Torte verteilen und ca. 2 Stunden kalt stellen. Schoko-Creme-Torte mit Zitronenschale und nach Wunsch mit Beeren garniert servieren.

WW Way

Garniere deine Torten mit reichlich frischen Früchten oder z. B. Zitrusschalen. So kannst du Punkte bzw. Kalorien für Sahnetuffs, Schokoguss und ähnliches sparen und es sieht auch noch toll aus.

Mango-Joghurt-Torte

Für 12 Stücke   **Zubereitungszeit 30 Min.**   **Garzeit 20 Min.**   **Kühlzeit 3 Std. 20 Min**

660 kJ | 158 kcal

1 Eigelb (Größe M)
100 g Zucker
50 g Halbfettmargarine
150 g Mehl
1/2 TL Backpulver
750 g Magermilchjoghurt
1 TL abgeriebene unbe-
    handelte Zitronenschale
7 Blatt Gelatine
1 Mango

1   Backofen auf 180° C (Gas: Stufe 2, Umluft: 160° C) vorheizen. Eigelb mit 40 g Zucker, Margarine, Mehl und Backpulver zu einem glatten Teig verkneten und eine mit Backpapier ausgelegte Springform (Ø 26 cm) damit auskleiden, dabei einen ca. 3 cm hohen Rand formen.

2   Teig mehrfach mit einer Gabel einstechen, mit Backpapier abdecken, mit 500 g trockenen Hülsenfrüchten beschweren und im Backofen auf mittlerer Schiene ca. 20 Minuten blind backen. Backpapier mit Hülsenfrüchten entfernen. Boden ca. 20 Minuten abkühlen lassen.

3   Joghurt mit restlichem Zucker verrühren und mit Zitronenschale verfeinern. Gelatine nach Packungsanweisung einweichen und auflösen. 5 EL Joghurt nach und nach unter die Gelatine rühren und mit restlichem Joghurt verrühren.

4   Mango schälen, das Fruchtfleisch vom Stein schneiden und Mango pürieren. Joghurtcreme auf dem Boden verstreichen, Mangopüree in Tupfen daraufgeben und mit einer Gabel auf der Oberfläche mit der Joghurtcreme verstrudeln. Mango-Joghurt-Torte ca. 3 Stunden kalt stellen und servieren.

Mohnkuchen

Für 16 Stücke   **Zubereitungszeit 25 Min.**   **Garzeit 50 Min.**   **Kühlzeit 30 Min.**

656 kJ | 157 kcal

180 g Halbfettmargarine
80 g Zucker
3 Eier (Größe M)
30 g Bananenchips
200 g Mehl
2 TL Backpulver
80 g gemahlener Mohn

1   Backofen auf 180° C (Gas: Stufe 2, Umluft: 160° C) vorheizen. Kranzform (Ø 26 cm) mit 1 TL Margarine fetten. Restliche Margarine mit Zucker und Eiern schaumig schlagen.

2   Bananenchips grob zerkleinern. Mehl, Backpulver und Mohn mischen, mit Zucker-Ei-Masse zu einem Teig verrühren und Bananenchips unterheben. Teig in der Kranzform verteilen und im Backofen auf mittlerer Schiene ca. 50 Minuten backen. Mohnkuchen ca. 30 Minuten auskühlen lassen und servieren.

Auf die Form kommt es an

Bei Backformen solltest du auf Modelle mit guter Beschichtung zurückgreifen, aus denen sich das Gebäck gut löst. Dann reicht es, die Form sparsam einzufetten. Besonders gut geeignet sind auch Formen aus Silikon.

WW Way

Verwende besser gemahlenen Mohn anstatt backfertiger Mohnzubereitungen, denn fertige Mohnzubereitungen enthalten häufig viel Zucker.

Saftige Apfeltarte

Für 8 Stücke   Zubereitungszeit 15 Min.   Garzeit 40 Min.   Kühlzeit 10 Min

551 kJ | 132 kcal

1 süßlicher Apfel
   (z. B. Golden Delicious)
1 Dose weiße Bohnen
   (250 g Abtropfgewicht)
1 Vanilleschote
1/2 unbehandelte Zitrone
2 Eier (Größe M)
80 g Zucker
1 TL Sonnenblumenöl
2 EL zarte Haferflocken
1 TL Backpulver
1 EL Puderzucker

1 Backofen auf 180° C (Gas: Stufe 2, Umluft: 160° C) vorheizen. Apfel vierteln, entkernen, schälen und in dünne Scheiben hobeln. Bohnen abspülen und abtropfen lassen.

2 Vanilleschote längs aufschneiden und das Mark herauskratzen. Zitronenschale abreiben und Zitronenhälfte auspressen. Eier mit Zucker schaumig schlagen und mit Bohnen, Öl, Haferflocken, Backpulver, Zitronenschale und Vanillemark pürieren.

3 Teig in eine mit Backpapier ausgelegte Springform (Ø 20 cm) füllen, Äpfel darauf verteilen, mit Zitronensaft bepinseln und im Backofen auf mittlerer Schiene ca. 40 Minuten backen. Apfeltarte ca. 10 Minuten abkühlen lassen, mit Puderzucker bestäuben und sofort servieren.

Hülsenpower

Hast du schon einmal mit Hülsenfrüchten gebacken? Sie liefern viele Proteine und Ballaststoffe und sind daher eine tolle Alternative zu Mehl. Probier es doch mal aus!

Cremiger Zupfkuchen

Für 12 Stücke   Zubereitungszeit 20 Min.   Garzeit 80 Min.   Kühlzeit 60 Min.

987 kJ | 236 kcal

4 Eier (Größe M)
230 g Mehl
140 g Zucker
80 g Halbfettmargarine
1 TL Backpulver
3 EL Kakaopulver
1 Prise Salz
1 Eigelb (Größe M)
750 g Magerquark
1 Päckchen Vanillepudding-
**   pulver**

1   Backofen auf 180° C (Gas: Stufe 2, Umluft: 160° C) vorheizen. 1 Ei mit 180 g Mehl, 50 g Zucker, 60 g Margarine, Backpulver, 2 EL Kakaopulver und Salz verkneten. Teig rund ausrollen und eine mit Backpapier ausgelegte Springform (Ø 26 cm) damit auskleiden, dabei einen ca. 3 cm hohen Rand formen.

2   Für die Streusel restliche Margarine, 30 g Zucker, restliches Mehl, restliches Kakaopulver und Eigelb verkneten.

3   Für die Füllung Quark mit restlichen Eiern, restlichem Zucker und Puddingpulver verrühren. Füllung auf den Boden geben, Streuselteig in Stücke zupfen und auf der Quarkmasse verteilen. Zupfkuchen im Backofen auf mittlerer Schiene ca. 80 Minuten backen, ca. 60 Minuten abkühlen lassen und servieren.

Kekse, Küchlein & Muffins

Vegane Kichererbsen-Schoko-Cookies

Für 16 Stück   **Zubereitungszeit 15 Min.**   **Garzeit 25 Min.**   **Kühlzeit 30 Min.**

347 kJ | 83 kcal

**1 Dose Kichererbsen
(265 g Abtropfgewicht)**
1 EL Erdnussmus
50 ml Haferdrink
80 g Mehl
1 TL Backpulver
50 g Kokosblütenzucker
1 Prise Salz
1 EL Sonnenblumenöl
**50 g vegane Zartbitter-
Schokolade**

1 Backofen auf 180° C (Gas: Stufe 2, Umluft: 160° C) vorheizen. Kichererbsen abspülen, abtropfen lassen und mit Erdnussmus, Haferdrink, Mehl, Backpulver, Kokosblütenzucker, Salz und Öl pürieren. Schokolade hacken und unter den Teig heben.

2 Aus dem Teig mithilfe eines Esslöffels 16 Klekse auf ein mit Backpapier ausgelegtes Backblech geben und verstreichen. Kichererbsen-Schoko-Cookies im Backofen auf mittlerer Schiene ca. 25 Minuten backen, ca. 30 Minuten abkühlen lassen und servieren.

Janas Tipp:

Die Kekse gehen super schnell und sind schön weich. Ich mag sie besonders gerne mit ein paar Tropfen Butter-Vanille-Aroma.

Schon gewusst?

Kokosblütenzucker wird aus Kokosblütennektar hergestellt und hat eine karamellige Note. Anders als der Name vermuten lässt, schmeckt er allerdings nicht nach Kokos. Aufgrund seines intensiven Aromas reicht meist eine geringe Menge aus.

Heidelbeerdonuts

Für 6 Stück   Zubereitungszeit 20 Min.   Garzeit 20 Min.   Kühlzeit 10 Min.

528 kJ | 126 kcal

150 g Heidelbeeren
1 Vanilleschote
100 g Mehl
1 TL Backpulver
40 g Zucker
1 Ei (Größe M)
100 ml entrahmte Milch
1 TL Halbfettmargarine
1 EL Puderzucker

1 Backofen auf 180° C (Gas: Stufe 2, Umluft: 160° C) vorheizen. Heidelbeeren waschen und trocken tupfen. Vanilleschote längs aufschneiden und das Mark herauskratzen.

2 Mehl mit Backpulver, Zucker, Ei, Vanillemark und Milch verrühren. 6 Mulden eines Donutblechs mit Margarine fetten, Teig in die Mulden füllen und Heidelbeeren daraufgeben.

3 Donuts im Backofen auf mittlerer Schiene ca. 20 Minuten backen. Heidelbeerdonuts ca. 10 Minuten abkühlen lassen, mit Puderzucker bestäuben und servieren.

Variante
Beim Bäcker nebenan bekommst du meist Schoko-Donuts oder Donuts mit Zuckerguss. Unsere Variante schmeckt fruchtig-frisch und die Süße kommt zum großen Teil aus den Beeren.

Kaffee-Brownie-Happen

Für 20 Stück   Zubereitungszeit 30 Min.   Garzeit 25 Min.   Kühlzeit 30 Min.

305 kJ | 73 kcal

1 Vanilleschote
18 Mokkabohnen
3 Eier (Größe M)
1 Prise Salz
50 g Zucker
70 g Halbfettmargarine
2 EL Kakaopulver
80 ml Kaffee
100 g Mehl
1 TL Backpulver
30 g Zartbitter-Schokolade

1 Backofen auf 180° C (Gas: Stufe 2, Umluft: 160° C) vorheizen. Vanilleschote längs aufschneiden und das Mark herauskratzen. Mokkabohnen hacken. Eier trennen und Eiklar mit Salz und 20 g Zucker steif schlagen.

2 Eigelb mit restlichem Zucker, Margarine und Vanillemark schaumig schlagen. Kakaopulver, Kaffee, Mehl und Backpulver hinzufügen und zu einem glatten Teig verrühren.

3 Eischnee unterheben und Teig in eine mit Backpapier ausgelegte eckige Springform (ca. 18 x 18 cm) füllen. Brownie im Backofen auf mittlerer Schiene ca. 25 Minuten backen und ca. 30 Minuten abkühlen lassen.

4 Schokolade in einem warmen Wasserbad schmelzen. Eine Gabel in die Schokolade tauchen und mit schnellen Zick-Zack-Bewegungen über dem Brownie verteilen. Brownie mit Mokkabohnen bestreuen, in 20 Stücke schneiden und Kaffee-Brownie-Happen servieren.

Schon gewusst?

Ja, Schokolade enthält viel Zucker und Fett, aber mit WW ist Naschen erlaubt, solange du in deinem Punktebudget bleibst.

Cheesecake im Glas mit Beerensauce

Für 4 Stück   Zubereitungszeit 10 Min.   Garzeit 25 Min.   Kühlzeit 40 Min.

678 kJ | 162 kcal

1 Ei (Größe M)
250 g Magerquark
200 g Frischkäse,
   bis 5 % Fett absolut
1 Msp. abgeriebene unbe-
   handelte Zitronenschale
2 EL Zucker
100 g Erdbeeren
100 g Himbeeren

1 Backofen auf 180° C (Gas: Stufe 2, Umluft: 160° C) vorheizen. Ei trennen und Eiklar steif schlagen. Eigelb mit Quark, Frischkäse, Zitronenschale und Zucker verrühren. Eischnee unterheben.

2 Käsekuchenmasse in 4 ofenfeste Gläschen (Inhalt ca. 200 ml) füllen, im Backofen auf mittlerer Schiene 20–25 Minuten backen und ca. 40 Minuten auskühlen lassen.

3 Für die Sauce Erdbeeren und Himbeeren waschen, trocken tupfen, pürieren und durch ein Sieb streichen. Beerensauce auf den Küchlein verteilen und Cheesecake im Glas servieren.

WW Way

Statt Sahnequark zu verwenden eignet sich Magerquark super, um Kalorien oder Punkte zu sparen. Er gehört sogar im blauen und lila Programm zu den ZeroPoint Lebensmitteln.

Schoko-Chai-Muffins

Für 12 Stück   Zubereitungszeit 20 Min.   Garzeit 25 Min.   Kühlzeit 60 Min.

625 kJ | 149 kcal

150 ml entrahmte Milch
1 Beutel schwarzer Tee
2 Nelken
1 Zimtstange
200 g Mehl
1 Päckchen Backpulver
2 Eier (Größe M)
130 g Zucker
4 EL Zartbitter-
  Raspelschokolade
2 TL Puderzucker

1 Milch aufkochen, Tee, Nelken und Zimtstange dazugeben und ca. 10 Minuten ziehen lassen. Gewürzmilch durch ein Sieb gießen, Milch auffangen und ca. 30 Minuten abkühlen lassen.

2 Backofen auf 180° C (Gas: Stufe 2, Umluft: 160° C) vorheizen. Mehl mit Backpulver, Eiern, Zucker und Gewürzmilch zu einem Teig verrühren und Raspelschokolade unterheben.

3 Teig in 12 Silikon-Muffinförmchen oder Papiermanschetten füllen, im Backofen auf mittlerer Schiene ca. 25 Minuten backen und ca. 30 Minuten auskühlen lassen. Schoko-Chai-Muffins mit Puderzucker bestäubt servieren.

WW Way

Um bei weniger Süße nicht auf den vollen Geschmack zu verzichten, kannst du beim Backen mit vielen verschiedenen Aromen experimentieren. Diese Muffins schmecken herrlich nach Tee, Nelke und Zimt.

Oatmeal Cookies

Für 16 Stück   Zubereitungszeit 15 Min.   Garzeit 15 Min.   Kühlzeit 20 Min.

245 kJ | 59 kcal

40 g zarte Haferflocken
30 g kernige Haferflocken
50 g Halbfettmargarine
1 Ei (Größe M)
60 g brauner Zucker
50 g Mehl
1 Msp. Backpulver
1 Prise Salz

1 Backofen auf 180° C (Gas: Stufe 2, Umluft: 160° C) vorheizen. Haferflocken mit Margarine und Ei verrühren und ca. 15 Minuten quellen lassen. Zucker, Mehl, Backpulver und Salz dazugeben und unterrühren.

2 Aus dem Teig mithilfe von 2 Teelöffeln 16 Häufchen auf ein mit Backpapier ausgelegtes Backblech setzen und leicht flach drücken. Oatmeal Cookies im Backofen auf mittlerer Schiene ca. 15 Minuten backen, ca. 20 Minuten auskühlen lassen und servieren.

Schon gewusst?

Auch Haferflocken eignen sich prima zum Backen.
Sie liefern zusätzlich ein leicht nussiges Aroma.

Schoko-Kirsch-Kuchen im Glas

Für 6 Stück   **Zubereitungszeit 10 Min.**   **Garzeit 25 Min.**   **Kühlzeit 30 Min.**

884 kJ | 211 kcal

30 g Zartbitter-Schokolade
30 g Zucker
50 g Halbfettmargarine
25 ml entrahmte Milch
3 Eier (Größe M)
120 g Mehl
1 TL Backpulver
1 EL Kakaopulver
1 Glas Sauerkirschen ohne
   Zucker (185 g Abtropf-
   gewicht)

1 Backofen auf 180° C (Gas: Stufe 2, Umluft: 160° C) vorheizen. Schokolade in einem warmen Wasserbad schmelzen und mit Zucker, Margarine, Milch und Eiern verrühren. Mehl, Backpulver und Kakaopulver dazugeben und unterheben.

2 Kirschen abtropfen lassen und unter den Teig heben. Teig in 6 Einmachgläser (Inhalt ca. 160 ml) füllen und im Backofen auf mittlerer Schiene ca. 25 Minuten backen. Schoko-Kirsch-Kuchen im Glas ca. 30 Minuten abkühlen lassen und servieren.

Mini-Marzipan-Gugelhupfe

Für 6 Stück   Zubereitungszeit 15 Min.   Garzeit 30 Min.   Kühlzeit 30 Min.

810 kJ | 194 kcal

30 g Marzipanrohmasse
2 Eier (Größe M)
2 EL entrahmte Milch
1 TL abgeriebene unbe-
  handelte Zitronenschale
einige Tropfen
  Bittermandelaroma
50 ml Sonnenblumenöl
60 g Mehl
1/2 TL Backpulver
40 g Zucker
2 TL Puderzucker

1 Backofen auf 180° C (Gas: Stufe 2, Umluft: 160° C) vorheizen. Marzipan raspeln. Eier mit Milch, Zitronenschale,
Bittermandelaroma und Öl verrühren. Mehl, Backpulver
und Zucker dazugeben und vermischen. Marzipan unterheben.

2 Teig in 6 kleine Silikon-Gugelhupfformen (Ø 7–8 cm)
geben, im Backofen auf mittlerer Schiene 25–30 Minuten
backen und ca. 30 Minuten auskühlen lassen. Mini-
Marzipan-Gugelhupfe mit Puderzucker bestäubt
servieren.

Tipp
Wenn du bei Kuchen nicht widerstehen kannst, kannst du viele
Kuchen in der „kleinen" Variante in Mini-Backformen backen.
Übriggebliebene Gebäckstücke kannst du für später einfrieren.

Hefetaschen mit Himbeercreme

Für 6 Stück   Zubereitungszeit 35 Min.   Garzeit 20 Min.   Kühlzeit 30 Min.   Gehzeit 60 Min.

840 kJ | 201 kcal

1/2 Würfel Hefe
50 g Zucker
60 ml lauwarme entrahmte
    Milch
200 g Mehl
30 g Halbfettmargarine
1 Prise Salz
4 EL Wasser
1 Päckchen Vanillezucker
100 g Himbeeren
    (frisch oder TK)
150 g Skyr, Natur
1 Msp. abgeriebene unbe-
    handelte Zitronenschale

1   Hefe zerbröckeln und mit 1 TL Zucker in Milch auflösen. 190 g Mehl in eine Schüssel geben, in die Mitte eine Vertiefung drücken und Hefemischung hineingießen. Mit etwas Mehl verrühren und Vorteig an einem warmen Ort zugedeckt ca. 15 Minuten gehen lassen.

2   Margarine, Salz, 2 EL Wasser, Vanillezucker und 35 g Zucker dazugeben, zu einem glatten Teig verkneten und weitere ca. 30 Minuten gehen lassen. Teig erneut gut durchkneten und in 6 Stücke teilen. Arbeitsfläche mit restlichem Mehl bestäuben und Teigstücke darauf jeweils rund (Ø ca. 12 cm) ausrollen.

3   Backofen auf 180° C (Gas: Stufe 2, Umluft: 160° C) vorheizen. Himbeeren waschen und trocken tupfen, gegebenenfalls TK-Himbeeren auftauen lassen. Für die Füllung Skyr mit Himbeeren verrühren und mit Zitronenschale und restlichem Zucker verfeinern. Himbeermasse in die Mitte der Teigfladen geben, jeweils zu halbrunden Taschen zusammenklappen und Ränder mit einer Gabel festdrücken.

4   Hefetaschen auf ein mit Backpapier ausgelegtes Backblech legen, mit restlichem Wasser bestreichen und weitere ca. 15 Minuten gehen lassen. Hefetaschen im Backofen auf mittlerer Schiene ca. 20 Minuten backen, ca. 30 Minuten auskühlen lassen und servieren.

Erdnuss-Brownies mit weißen Bohnen

Für 8 Stücke   Zubereitungszeit 10 Min.   Garzeit 30 Min.   Kühlzeit 15 Min.

485 kJ | 116 kcal

1 Vanilleschote
1 Dose weiße Bohnen
   (250 g Abtropfgewicht)
1 Ei (Größe M)
1 EL Kakaopulver
1 TL Backpulver
1 Prise Salz
40 g Zucker
2 EL Vollmilch-
   Schokotropfen
2 EL Erdnusscreme

1 Backofen auf 180° C (Gas: Stufe 2, Umluft: 160° C) vorheizen. Vanilleschote längs aufschneiden und das Mark herauskratzen. Bohnen abspülen, abtropfen lassen und mit Ei, Kakaopulver, Backpulver, Salz, Zucker und Vanillemark pürieren.

2 Schokotropfen unter den Teig heben und in eine mit Backpapier ausgelegte Auflaufform (ca. 16 x 20 cm) füllen. Erdnusscreme in Klecksen auf dem Teig verteilen und Brownies im Backofen auf mittlerer Schiene ca. 30 Minuten backen. Erdnuss-Brownies ca. 15 Minuten abkühlen lassen, in Stücke schneiden und servieren.

WW Way

Mit Bohnen anstatt Mehl lassen sich ganz einfach Punkte sparen.

Backzeit

Checke mit der Stäbchenprobe, ob die Brownies fertig gebacken sind. Wenn du eher eine festere Konsistenz magst, verlängere einfach die Backzeit.

Limettenkipferl

Für 30 Stück   Zubereitungszeit 40 Min.   Garzeit 15 Min.   Kühlzeit 90 Min.

167 kJ | 40 kcal

1/2 unbehandelte Limette
60 g Mehl
40 g gemahlene Mandeln
40 g gemahlene
   Haselnüsse
2 EL Zucker
50 g Halbfettmargarine
1 Eigelb (Größe M)
2 EL Puderzucker

1 Limettenschale abreiben und Limettenhälfte auspressen. Mehl mit Mandeln, Haselnüssen, Zucker und der Hälfte der Limettenschale vermischen. Mit Margarine und Eigelb zu einem glatten Teig verkneten und in Folie gewickelt ca. 60 Minuten kalt stellen.

2 Backofen auf 180° C (Gas: Stufe 2, Umluft: 160° C) vorheizen. Teig in 3 Stücke teilen und jeweils zu 2 cm dicken Rollen formen. Teigrollen in jeweils 10 Stücke schneiden. Teigstücke zu ca. 5 cm langen Strängen rollen und zu Kipferln formen. Kipferl auf ein mit Backpapier ausgelegtes Backblech legen, im Backofen auf mittlerer Schiene ca. 15 Minuten backen und ca. 30 Minuten auskühlen lassen.

3 Für den Zuckerguss Puderzucker mit Limettensaft und restlicher Limettenschale glatt rühren. Limettenkipferl mit Zuckerguss garnieren, trocknen lassen und servieren.

Backen ohne Fett!

Nutze unsere wiederverwendbare WW Backfolie und verzichte auf das Einfetten von Backblech oder Backform. Erhältlich im WW Studio oder auf weightwatchers-shop.de.

Schoko-Doppelkekse mit Cremefüllung

Für 28 Stück   Zubereitungszeit 25 Min.   Garzeit 15 Min.   Kühlzeit 20 Min.

Für 2 Stück
364 kJ | 87 kcal

1 Vanilleschote
90 g Halbfettmargarine
150 g Mehl
60 g Puderzucker
1 EL Kakaopulver
1 Prise Salz
100 g Frischkäse,
   bis 5 % Fett absolut

1 Backofen auf 180° C (Gas: Stufe 2, Umluft: 160° C) vorheizen. Vanilleschote längs aufschneiden und das Mark herauskratzen. Die Hälfte des Vanillemarks mit Margarine, Mehl, 50 g Puderzucker, Kakaopulver und Salz zu einem glatten Teig verkneten und zwischen Frischhaltefolie ca. 2 mm dick ausrollen.

2 Aus dem Teig 56 Kreise (Ø 4 cm) ausstechen, auf zwei mit Backpapier ausgelegten Backblechen verteilen, im Backofen auf mittlerer Schiene 10–12 Minuten backen und ca. 20 Minuten auskühlen lassen.

3 Für die Creme restliches Vanillemark mit Frischkäse und restlichem Puderzucker verrühren. Die Hälfte der Schokokekse mit Creme bestreichen und restliche Kekse daraufsetzen. Schoko-Doppelkekse mit Creme füllung servieren.

Janas Tipp:

Ich habe vegane Halbfettmargarine und veganen Frischkäse verwendet. Probier es doch auch mal aus!

Tipp aus der Küche

Wenn man die ausgekratzte Vanilleschote zusammen mit Zucker in einem Gefäß lagert, hat man nach einiger Zeit selbst gemachten Vanillezucker.

Erdbeercupcakes

Für 12 Stück   Zubereitungszeit 20 Min.   Garzeit 30 Min.   Kühlzeit 30 Min.

1014 kJ | 242 kcal

200 g vegane
   Halbfettmargarine
100 g Zucker
1 Päckchen Vanillezucker
1 TL abgeriebene unbe-
   handelte Zitronenschale
1 Prise Salz
200 ml Haselnussdrink,
   Natur
1 EL Backpulver
200 g Dinkelmehl
100 g Weizenmehl
1/2 Vanilleschote
30 g brauner Zucker
120 g Sojasauerrahm
400 g Erdbeeren
2 TL Agavendicksaft
1 EL gehackte Pistazien

1 Backofen auf 180° C (Gas: Stufe 2, Umluft: 160° C) vorheizen. 150 g Margarine, Zucker, Vanillezucker, Zitronenschale und Salz schaumig schlagen. Haselnussdrink langsam unterrühren. Backpulver, Dinkel- und Weizenmehl mischen und unter die Margarinemischung heben. Ein Muffinblech mit Papiermanschetten auslegen und den Teig gleichmäßig darauf verteilen.

2 Muffins im Backofen auf mittlerer Schiene ca. 30 Minuten backen und ca. 30 Minuten abkühlen lassen.

3 Vanilleschote längs aufschneiden und das Mark herauskratzen. Für das Topping restliche Margarine, braunen Zucker und Vanillemark schaumig schlagen. Sojasauerrahm unterrühren, in einen Spritzbeutel mit Sterntülle füllen und ca. 20 Minuten kalt stellen.

4 Erdbeeren waschen, trocken tupfen, vierteln und mit Agavendicksaft süßen. Auf jeden Muffin einen Sauerrahmkringel spritzen und Erdbeeren darauf verteilen. Mit Pistazien bestreuen und Erdbeercupcakes servieren.

Janas Tipp:

Die Cupcakes lassen sich super am Tag vorher zubereiten, später müssen dann nur noch das Topping und die Beeren drauf. Ich habe sie fürs Büro gebacken – die Kollegen waren begeistert. Die Beeren lassen sich je nach Verfügbarkeit einfach austauschen.

Leichte Zimtschnecken

Für 24 Stück   Zubereitungszeit 45 Min.   Garzeit 20 Min.   Kühlzeit 20 Min.   Gehzeit 60 Min.

501 kJ | 120 kcal

115 g Halbfettmargarine
250 ml fettarme Milch
125 g Magerquark
150 g brauner Zucker
1 Msp. Salz
1/2–1 TL gemahlener
   Kardamom
25 g Hefe
450 g Mehl
1 1/2 TL Zimt
1 Ei (Größe M)

1 25 g Margarine in einem Topf auf niedriger Stufe schmelzen, Milch, Quark, 5 EL Zucker, Salz und Kardamom dazugeben und lauwarm erhitzen. Hefe zerbröckeln und in Milchmischung auflösen. 440 g Mehl in eine Schüssel geben, in die Mitte eine Vertiefung drücken, Hefemischung hineingießen, zu einem glatten Teig verkneten und zugedeckt an einem warmen Ort ca. 30 Minuten gehen lassen.

2 Arbeitsfläche mit restlichem Mehl bestäuben. Teig halbieren und jede Hälfte rechteckig (ca. 30 x 40 cm) ausrollen. Teig mit restlicher Margarine bestreichen und mit restlichem Zucker und Zimt bestreuen. Rechtecke jeweils von der langen Seite her aufrollen und jeweils in 12 Stücke schneiden.

3 Zimtschnecken auf zwei mit Backpapier ausgelegte Backbleche oder in Papier-Muffinförmchen legen und zugedeckt an einem warmen Ort ca. 30 Minuten gehen lassen. Backofen auf 220° C Umluft (Ober-/Unterhitze nicht empfehlenswert) vorheizen.

4 Ei verquirlen, Zimtschnecken damit bestreichen und im Backofen auf mittlerer Schiene 15–20 Minuten backen. Zimtschnecken 15–20 Minuten abkühlen lassen und servieren.

Apfelkuchenkekse mit Streuseln

Für 12 Stück **Zubereitungszeit 20 Min.** **Garzeit 25 Min.** **Kühlzeit 15 Min.**

424 kJ | 101 kcal

150 g Mehl
70 g Zucker
60 g Halbfettmargarine
1 Eigelb (Größe M)
1 süßlicher Apfel
   (z. B. Golden Delicious)
1 EL zarte Haferflocken
1 TL Zimt

1 120 g Mehl mit 50 g Zucker, 40 g Margarine und Eigelb zu einem Teig verkneten. Apfel waschen, vierteln, entkernen und fein würfeln. Backofen auf 180° C (Gas: Stufe 2, Umluft: 160° C) vorheizen.

2 Restliche Margarine mit restlichem Zucker, restlichem Mehl, Haferflocken und Zimt zu Streuseln verkneten. Die Böden von 12 Silikon-Muffinförmchen mit dem Teig auskleiden, Äpfel daraufgeben und Streusel darauf verteilen. Apfelkuchenkekse im Backofen auf mittlerer Schiene ca. 25 Minuten backen, ca. 15 Minuten abkühlen lassen und servieren.

Ausgetauscht
Probiere die Kekse doch mal mit Birne und Kardamom
statt Apfel und Zimt – eine tolle Kombi!

Brötchen, Pizza, Strudel & Co.

Flammkuchen mit Spinat und Pilzen

Für 8 Stücke   Zubereitungszeit 15 Min.   Garzeit 20 Min.

493 kJ | 118 kcal

100 g Baby-Blattspinat
250 g braune Champignons
100 g Frischkäse,
   bis 5 % Fett absolut
1 TL Zitronensaft
2 TL gehackter Thymian
Salz, Pfeffer
1 TL Olivenöl
1 Packung Flammkuchenteig
   (Frischprodukt, 260 g)
2 EL geriebener Parmesan

1 Backofen auf 200° C (Gas: Stufe 3, Umluft: 180° C) vorheizen. Spinat waschen und trocken schleudern. Champignons trocken abreiben und in Scheiben schneiden. Für die Creme Frischkäse mit Zitronensaft, Thymian, Salz und Pfeffer verrühren.

2 Öl in einer Pfanne auf mittlerer bis hoher Stufe erhitzen, Champignons darin 3–4 Minuten braten, Spinat dazugeben, zusammenfallen lassen, Gemüsemischung in ein Sieb geben und überschüssige Flüssigkeit abtropfen lassen.

3 Flammkuchenteig nach Packungsanweisung ausrollen und auf ein mit Backpapier ausgelegtes Backblech legen. Teig mit Creme bestreichen, mit Champignons und Spinat belegen, mit Parmesan bestreuen, mit Salz und Pfeffer würzen und im Backofen auf unterster Schiene ca. 20 Minuten backen. Flammkuchen servieren.

WW Way

Achte bei Flammkuchen, Pizza & Co. darauf, dass du beim Belag nicht zu viel Käse verwendest und greife dafür lieber auf intensive Käsesorten wie z. B. Parmesan zurück.

Du kannst auch …

… jede andere Sorte von Pilzen verwenden. Probiere doch mal Steinpilze oder Pfifferlinge.

Gemüserolle mit Kräutercreme

Für 8 Stücke   Zubereitungszeit 20 Min.   Garzeit 25 Min.   Kühlzeit 15 Min.

281 kJ | 67 kcal

3 Karotten
1 Zucchini
3 Eier (Größe M)
Salz, Pfeffer
1 TL getrockneter Oregano
200 g Skyr, Natur
1 EL Schnittlauchringe
1 EL gehackte Petersilie
1 TL gehackter Kerbel

1   Backofen auf 180° C (Gas: Stufe 2, Umluft: 160° C) vorheizen. Karotten schälen, Zucchini waschen, beides fein raspeln, in ein Küchentuch geben und überschüssige Flüssigkeit ausdrücken.

2   Gemüseraspel mit Eiern, Salz, Pfeffer und Oregano verrühren und auf einem mit Backpapier ausgelegten Backblech rechteckig (ca. 20 x 32 cm) verstreichen. Gemüsemasse im Backofen auf mittlerer Schiene ca. 25 Minuten backen. Gemüseteig stürzen und ca. 15 Minuten auskühlen lassen.

3   Für die Creme Skyr mit Schnittlauch, Petersilie, Kerbel, Salz und Pfeffer verrühren. Gemüseboden mit Creme bestreichen und von der langen Seite her aufrollen. Gemüserolle servieren.

Schon gewusst?

Der Teig der Gemüserolle besteht aus Gemüseraspeln anstatt aus Mehl – perfekt, wenn dein SmartPoints Budget fast aufgebraucht ist.

Kleine Zwiebelküchlein

Für 12 Stück   Zubereitungszeit 15 Min.   Garzeit 35 Min.

507 kJ | 121 kcal

3 rote Zwiebeln
1 TL Olivenöl
Salz, Pfeffer
2 TL gehackter Thymian
70 g Halbfettmargarine
3 Eier (Größe M)
190 g Mehl
1 EL kohlensäurehaltiges
**   Mineralwasser**
150 g saure Sahne

1 Backofen auf 200° C (Gas: Stufe 3, Umluft: 180° C) vorheizen. Zwiebeln schälen und in feine Streifen schneiden. Öl in einer Pfanne auf mittlerer Stufe erhitzen und Zwiebeln darin 5–7 Minuten andünsten. Mit Salz und Pfeffer würzen und mit Thymian verfeinern.

2 65 g Margarine mit 1 Ei, Mehl, Mineralwasser und 1/2 TL Salz zu einem Teig verkneten und zu 12 Kugeln formen. 12 Mulden eines Muffinblechs mit restlicher Margarine fetten und Mulden mit Teig auskleiden.

3 Für die Sauce restliche Eier mit saurer Sahne verquirlen und mit Salz und Pfeffer würzen. Zwiebelmischung in die Mulden füllen und Eiguss daraufgießen. Zwiebelküchlein im Backofen auf mittlerer Schiene ca. 25 Minuten backen und servieren.

WW Way

Achte bei Milchprodukten auf fettarme Varianten. Verwende z. B. saure Sahne statt Schmand und spare somit Kalorien und SmartPoints.

Brötchen mit mediterranen Kräutern

Für 8 Stück   Zubereitungszeit 20 Min.   Garzeit 30 Min.

576 kJ | 138 kcal

**6 getrocknete Tomaten
ohne Öl**
**80 ml heiße Gemüsebrühe
(1/2 TL Instantpulver)**
200 g Mehl
2 TL Backpulver
1 TL Salz
2 TL Olivenöl
2 Eier (Größe M)
100 g Magerquark
2 Stängel Basilikum
2 Zweige Thymian
2 Zweige Rosmarin

1 Backofen auf 180° C (Gas: Stufe 2, Umluft: 160° C) vorheizen. Tomaten ca. 10 Minuten in Brühe einweichen,
abtropfen lassen und hacken. Mehl mit Backpulver und
Salz verrühren und mit Öl, Eiern und Quark zu einem
Teig verkneten.

2 Kräuter waschen, trocken schütteln und hacken. Teig
mit Tomaten und Kräutern verkneten, aus dem Teig mit
feuchten Händen 8 Brötchen formen und auf ein mit
Backpapier ausgelegtes Backblech legen. Brötchen im
Backofen auf mittlerer Schiene 25–30 Minuten backen
und servieren.

Thunfisch-Pizzafladen mit Kapern

Für 8 Stück Zubereitungszeit 45 Min. Garzeit 25 Min.

893 kJ | 214 kcal

4 getrocknete Tomaten
   ohne Öl
150 ml heiße Gemüsebrühe
   (1/2 TL Instantpulver)
1 rote Zwiebel
300 g Mehl
4 TL Olivenöl
1 TL Backpulver
Salz, Pfeffer
150 ml Wasser
1 Dose Thunfisch im eigenen
   Saft (150 g Abtropfgewicht)
4 TL Tomatenmark
1 TL gehackter Oregano
2 EL Kapern
100 g geriebener Käse,
   bis 30 % Fett i. Tr.

1 Tomaten ca. 10 Minuten in Brühe einweichen. Zwiebel schälen und in Ringe schneiden. Mehl, Öl, Backpulver und 1 Prise Salz vermischen. Nach und nach Wasser dazugeben und zu einem glatten Teig verkneten. Tomaten abgießen und dabei 50 ml Sud auffangen.

2 Backofen auf 200° C (Gas: Stufe 3, Umluft: 180° C) vorheizen. Teig in 8 Portionen teilen, jeweils zu kleinen ovalen Fladen ausrollen und auf ein mit Backpapier ausgelegtes Backblech legen.

3 Thunfisch abtropfen lassen. Für die Sauce Tomaten mit Sud und Tomatenmark pürieren und mit Oregano, Salz und Pfeffer würzen. Fladen mit Sauce bestreichen, mit Thunfisch, Zwiebeln und Kapern belegen und im Backofen auf mittlerer Schiene ca. 15 Minuten backen. Thunfisch-Pizzafladen mit Käse bestreuen, weitere ca. 10 Minuten backen und servieren.

WW Way

Getrocknete Tomaten passen besser in dein SmartPoints Budget, wenn sie nicht in Öl eingelegt sind. Du erhältst sie im Supermarkt meist im Regal mit den Trockenfrüchten und Nüssen.

Broccoliquiche mit Gorgonzola

Für 12 Stücke   Zubereitungszeit 30 Min.   Garzeit 35 Min.

661 kJ | 158 kcal

500 g Broccoli
Salz, Pfeffer
230 g Mehl
90 g Halbfettmargarine
40 ml Wasser
50 g Gorgonzola,
  50 % Fett i. Tr.
100 ml entrahmte Milch
4 EL Schmand
1 Prise geriebene Muskatnuss
3 Eier (Größe M)

1 Broccoli waschen und in kleine Röschen teilen. Gegebenenfalls Broccolistrunk schälen und in kleine Würfel schneiden. Broccoli in Salzwasser ca. 5 Minuten vorgaren und abgießen. Mehl, Margarine, Wasser und 1 TL Salz zu einem glatten Teig verkneten.

2 Teig zwischen Frischhaltefolie rechteckig ausrollen und eine eckige Quicheform (ca. 30 x 20 cm) damit auskleiden, dabei einen ca. 2 cm hohen Rand formen.

3 Backofen auf 180° C (Gas: Stufe 2, Umluft: 160° C) vorheizen. Für den Guss Gorgonzola, Milch, Schmand und Muskatnuss pürieren, mit Eiern verquirlen und mit Salz und Pfeffer abschmecken. Broccoli auf dem Teig verteilen und Gorgonzolamischung darübergießen. Broccoliquiche im Backofen auf mittlerer Schiene ca. 35 Minuten backen und servieren.

Pizzahappen mit Blumenkohlboden

Für 12 Stück   **Zubereitungszeit 35 Min.**   **Garzeit 30 Min.**

332 kJ | 79 kcal

1 Blumenkohl (ca. 1 kg)
4 Eier (Größe M)
70 g geriebener Käse,
   30 % Fett i. Tr.
Salz, Pfeffer
4 Scheiben gekochter
   Schinken
200 g stückige Tomaten
3 TL italienische Kräuter

1 Backofen auf 180° C vorheizen. Blumenkohl in Röschen teilen, fein hacken, mit Eiern, 50 g Käse und Salz mischen. Masse auf zwei mit Backpapier ausgelegten Backblechen zu 12 Kreisen verstreichen und auf mittlerer Schiene ca. 20 Minuten vorbacken. Schinken in Streifen schneiden. Tomaten mit Kräutern verrühren, salzen und pfeffern. Sauce und Schinken auf den Böden verteilen und mit restlichem Käse bestreuen. Pizzahappen weitere ca. 10 Minuten backen und servieren.

Knusprige Vollkorncracker

Für 12 Stück   Zubereitungszeit 20 Min.   Garzeit 20 Min.   Kühlzeit 15 Min.

188 kJ | 45 kcal

80 g Weizenvollkornmehl
1/2 TL Backpulver
2 EL Sonnenblumenkerne
2 TL Leinsamen
1/2 TL Salz
50 ml kaltes Wasser
1 EL Rapsöl

1 Backofen auf 200° C (Gas: Stufe 3, Umluft: 180° C) vorheizen. Für den Teig Mehl mit Backpulver, Sonnenblumenkernen, Leinsamen und Salz vermischen. Wasser und Öl zufügen und zu einem gleichmäßigen Teig verkneten. Teig auf einem mit Backpapier ausgelegten Backblech ca. 4 mm dick zu einem Rechteck ausrollen und in 12 Quadrate schneiden. Vollkorncracker im Backofen auf mittlerer Schiene ca. 20 Minuten backen, ca. 15 Minuten auskühlen lassen und servieren.

Tomatenquiche mit Basilikumcreme

Für 12 Stücke   Zubereitungszeit 20 Min.   Garzeit 40 Min.   Kühlzeit 20 Min.

578 kJ | 138 kcal

2 Tomaten
1/2 Bund Basilikum
200 g Mehl
75 g Halbfettmargarine
1 TL Backpulver
Salz, Pfeffer
70 ml kaltes Wasser
3 Eier (Größe M)
150 g Schmand
1 Prise geriebene
Muskatnuss

1 Tomaten waschen und in Scheiben schneiden. Basilikum waschen, trocken schütteln und drei Viertel grob hacken. Mehl, Margarine, Backpulver und je 1/2 TL Salz und Pfeffer vermischen, Wasser zugeben und zu einem Teig verkneten. Backofen auf 200° C (Gas: Stufe 3, Umluft: 180° C) vorheizen.

2 Teig zwischen Frischhaltefolie rund ausrollen und eine Quicheform (Ø 26 cm) damit auskleiden, dabei einen ca. 2 cm hohen Rand formen. Teig mit Backpapier abdecken, mit 500 g trockenen Hülsenfrüchten beschweren, im Backofen auf mittlerer Schiene ca. 10 Minuten blind backen und Backpapier mit Hülsenfrüchten entfernen.

3 Für die Creme Eier mit Schmand, gehacktem Basilikum, Muskatnuss, Salz und Pfeffer pürieren. Creme auf den Boden füllen, Tomaten daraufgeben und Quiche im Backofen auf mittlerer Schiene ca. 30 Minuten backen. Tomatenquiche ca. 20 Minuten abkühlen lassen, mit restlichem Basilikum bestreuen und servieren.

Wurzelgemüse-Paprika-Strudel

Für 12 Stücke   **Zubereitungszeit 70 Min.**   **Garzeit 65 Min.**   **Ruhezeit 30 Min.**

597 kJ | 143 kcal

250 g Mehl
110 ml lauwarmes Wasser
2 EL Rapsöl
Salz, Pfeffer
1 Zwiebel
200 g Karotten
200 g Petersilienwurzeln
je 1 rote und gelbe Paprika
200 ml Gemüsebrühe
   (1 TL Instantpulver)
1 EL gehackte Petersilie
150 g Crème légère
1 Eigelb (Größe M)

1 230 g Mehl, 100 ml Wasser, 1 EL Öl, Salz und Pfeffer zu einem glatten Teig verkneten und in Folie gewickelt ca. 30 Minuten ruhen lassen. Für die Füllung Zwiebel, Karotten und Petersilienwurzeln schälen und in Würfel schneiden. Paprika waschen, entkernen und in kleine Würfel schneiden. Restliches Öl in einer Pfanne auf mittlerer Stufe erhitzen, Zwiebeln, Karotten und Petersilienwurzeln darin ca. 5 Minuten anbraten, mit Brühe ablöschen und ca. 10 Minuten köcheln lassen.

2 Paprika dazugeben, weitere ca. 5 Minuten mitgaren und überschüssige Flüssigkeit abgießen. Petersilie und Crème légère unterheben, Masse mit Salz und Pfeffer würzen und abkühlen lassen. Backofen auf 180° C (Gas: Stufe 2, Umluft: 160° C) vorheizen.

3 Ein Küchentuch mit restlichem Mehl bestäuben und Teig darauf dünn ausrollen. Teig mit dem Handrücken dünn auf eine Größe von ca. 40 x 60 cm ausziehen. Füllung auf dem Teig verteilen, dabei einen ca. 5 cm breiten Rand frei lassen und Ränder mit restlichem Wasser bestreichen. Die Ränder nach innen einschlagen und den Strudel von der langen Seite her aufrollen.

4 Strudel mit der Naht nach unten auf ein mit Backpapier ausgelegtes Backblech legen, im Backofen auf mittlerer Schiene ca. 45 Minuten backen, nach ca. 30 Minuten Garzeit mit Eigelb bestreichen und Wurzelgemüse-Paprika-Strudel servieren.

Flammkuchen mit Salami und Champignons

Für 4 Personen   Zubereitungszeit 25 Min.   Garzeit 30 Min.   Gehzeit 45 Min.

1160 kJ | 277 kcal

1/4 Würfel Hefe
1 Prise Zucker
100 ml lauwarmes Wasser
160 g Mehl
1 TL Olivenöl
Salz, Pfeffer
150 g Frischkäse,
   bis 5 % Fett absolut
2 EL mildes Ajvar
1 EL gehacktes Basilikum
4 Scheiben Salami
200 g Champignons
50 g geriebener Käse,
   30 % Fett i. Tr.

1 Hefe zerbröckeln und mit Zucker in Wasser auflösen. 155 g Mehl in eine Schüssel geben, in die Mitte eine Vertiefung drücken und Hefemischung hineingießen. Mit etwas Mehl verrühren und Vorteig an einem warmen Ort zugedeckt ca. 15 Minuten gehen lassen. Öl und 1/2 TL Salz dazugeben, zu einem glatten Teig verkneten und weitere ca. 30 Minuten gehen lassen.

2 Backofen auf 180° C (Gas: Stufe 2, Umluft: 160° C) vorheizen. Für die Sauce Frischkäse mit Ajvar, Basilikum, Salz und Pfeffer verrühren. Salami in Streifen schneiden. Champignons trocken abreiben und in Scheiben schneiden.

3 Teig gut durchkneten, zwischen Backpapier ca. 2 mm dünn ausrollen, dabei mit restlichem Mehl bestäuben, und Teig auf ein mit Backpapier ausgelegtes Backblech legen. Teig mit Sauce bestreichen, mit Salami und Champignons belegen, mit Käse bestreuen und im Backofen auf mittlerer Schiene 25–30 Minuten backen. Flammkuchen servieren.

Eine tolle Alternative zu Backpapier

Die Backfolie ist abwaschbar, beschichtet und kann immer wieder verwendet werden. Erhältlich im WW Studio und auf weightwatchers-shop.de.

Taco-Taschen

Für 12 Stück   **Zubereitungszeit 35 Min.**   **Garzeit 30 Min.**   **Gehzeit 45 Min.**

640 kJ | 153 kcal

1/2 Würfel Hefe
1 Prise Zucker
180 ml lauwarmes Wasser
310 g Mehl
2 TL Olivenöl
1 TL Chilipulver
Salz, Pfeffer
150 g Kidneybohnen
   (Konserve)
100 g Mais (Konserve)
1 Tomate
150 g Tatar
1 Prise Kreuzkümmel
2 TL Tomatenmark
4 EL geriebener Käse,
   30 % Fett i. Tr.
1 Ei (Größe M)
1 TL getrockneter Thymian

1 Hefe zerbröckeln und mit Zucker in Wasser auflösen. 300 g Mehl in eine Schüssel geben, in die Mitte eine Vertiefung drücken und Hefemischung hineingießen. Mit etwas Mehl verrühren und Vorteig an einem warmen Ort zugedeckt ca. 15 Minuten gehen lassen.

2 1 TL Öl, Chilipulver und 1/2 TL Salz dazugeben, zu einem glatten Teig verkneten und weitere ca. 30 Minuten gehen lassen. Kidneybohnen abspülen und mit Mais abtropfen lassen. Tomate waschen und in feine Würfel schneiden.

3 Für die Füllung restliches Öl in einer Pfanne auf hoher Stufe erhitzen, Tatar darin krümelig anbraten, mit Salz, Pfeffer und Kreuzkümmel würzen und Tomatenmark einrühren. Kidneybohnen, Mais und Tomaten dazugeben und ca. 5 Minuten erwärmen. Backofen auf 200° C (Gas: Stufe 3, Umluft: 180° C) vorheizen.

4 Arbeitsfläche mit restlichem Mehl bestäuben, Teig darauf rechteckig (ca. 40 x 45 cm) ausrollen und in 12 Rechtecke schneiden. Füllung in die Mitte der Teigfladen geben, mit Käse bestreuen, Taschen jeweils zu einem Rechteck zusammenklappen und Ränder mit einer Gabel festdrücken. Oberfläche mehrfach einstechen und Taco-Taschen auf ein mit Backpapier ausgelegtes Backblech legen. Ei mit Thymian, Salz und Pfeffer verquirlen und Taco-Taschen damit bestreichen. Taco-Taschen im Backofen auf mittlerer Schiene 20–25 Minuten backen und servieren.

Roggenmischbrot mit Körnern

Für 20 Scheiben (à ca. 50 g)
Zubereitungszeit 25 Min.   Garzeit 40 Min.   Kühlzeit 40 Min.   Gehzeit 75 Min.

504 kJ | 121 kcal

360 g Weizenmehl
    Type 550
250 g Roggenmehl
    Type 1150
1 Päckchen Trockenhefe
2–3 TL Salz
1 TL Zucker
450 ml Wasser
1 Päckchen Sauerteig (75 g)
5 TL Leinsamen
2 EL Sonnenblumenkerne
1 EL Kürbiskerne

1 350 g Weizenmehl, Roggenmehl, Hefe, 1 Prise Salz und Zucker mischen. 100 ml Wasser zufügen und zu einem glatten Teig verkneten. Teig an einem warmen Ort zugedeckt ca. 15 Minuten gehen lassen. Sauerteig, restliches Salz und restliches Wasser dazugeben und weitere ca. 40 Minuten gehen lassen.

2 Kastenform (Länge ca. 30 cm) mit Backpapier auslegen. Teig erneut gut durchkneten, Leinsamen, Sonnenblumenkerne und Kürbiskerne dazugeben, unterkneten, Teig in die Form geben und weitere ca. 20 Minuten gehen lassen.

3 Backofen auf 240° C (Gas: Stufe 5, Umluft: 220° C) vorheizen. Brot mit etwas Wasser bestreichen, mit restlichem Weizenmehl bestäuben und im Backofen auf mittlerer Schiene ca. 10 Minuten backen, dabei eine feuerfeste Schale mit Wasser in den Ofen stellen.

4 Backofentemperatur auf 180° C (Gas: Stufe 2, Umluft: 160° C) reduzieren und weitere ca. 30 Minuten backen. Brot ca. 10 Minuten auskühlen lassen, aus der Form lösen, weitere ca. 30 Minuten auskühlen lassen und Roggenmischbrot servieren.

Herzhafte Windbeutel

Für 15 Stück   Zubereitungszeit 35 Min.   Garzeit 30 Min.   Kühlzeit 10 Min.

195 kJ | 47 kcal

25 g Halbfettmargarine
50 ml Wasser
50 ml fettarme Milch
Salz, Pfeffer
1 Prise Zucker
50 g Mehl
2 Eier (Größe M)
30 g Rucola
4 Scheiben roher Schinken
3 EL Frischkäse,
    bis 5 % Fett absolut
1 EL geriebener Parmesan
1 TL gehackter Schnittlauch
1 TL gehackte Petersilie

1 Backofen auf 220° C (Gas und Umluft nicht empfehlenswert) vorheizen. Für den Brandteig Margarine mit Wasser, Milch, 1/2 TL Salz und Zucker in einem Topf auf
   hoher Stufe aufkochen. Mehl dazugeben und so lange
   rühren, bis sich am Topfboden eine weiße Schicht bildet.
   Teig in eine Schüssel geben und kurz abkühlen lassen.

2 Eier nacheinander unterrühren, bis er zu glänzen be-
   ginnt. Teig in einen Spritzbeutel mit Sterntülle geben
   und mit reichlich Abstand 15 Kreise (Ø 3–4 cm) auf ein
   mit Backpapier ausgelegtes Backblech spritzen, dabei
   mit kreisenden Bewegungen arbeiten.

3 Backofentemperatur auf 180° C reduzieren und Windbeutel im Backofen auf mittlerer Schiene 20–25 Minuten
   backen. Windbeutel ca. 10 Minuten auskühlen lassen
   und aufschneiden. Rucola waschen, trocken schütteln
   und grob hacken. Schinken in dünne Streifen schneiden.

4 Für die Creme Frischkäse mit Parmesan, Schnittlauch,
   Petersilie, Salz und Pfeffer verrühren. Windbeutel mit
   Creme bestreichen, mit Rucola und Schinken belegen,
   zuklappen und servieren.

Vorsicht!

Während des Backens nicht zwischendurch den Ofen öffnen, sonst
fallen die Windbeutel zusammen.

Currywurstpizza

Für 12 Stücke   Zubereitungszeit 30 Min.   Garzeit 30 Min.   Gehzeit 45 Min.

665 kJ | 159 kcal

1 Würfel Hefe
1 Prise Zucker
150 ml lauwarmes Wasser
300 g Mehl
2 TL Olivenöl
Salz, Pfeffer
300 g passierte Tomaten
**   (Konserve)**
1/4 TL Curry
1/4 TL Paprikapulver
1 EL dunkler Balsamicoessig
1 TL Honig
2 rote Paprika
4 Geflügelwürstchen
3 EL geriebener Käse,
**   30 % Fett i. Tr.**

1   Hefe zerbröckeln und mit Zucker in 50 ml Wasser auflösen. 280 g Mehl in eine Schüssel geben, in die Mitte eine Vertiefung drücken und Hefemischung hineingießen. Mit etwas Mehl verrühren und Vorteig an einem warmen Ort zugedeckt ca. 15 Minuten gehen lassen.

2   1 TL Öl, restliches Wasser und 1 TL Salz dazugeben, zu einem glatten Teig verkneten und weitere ca. 30 Minuten gehen lassen. Backofen auf 200° C (Gas: Stufe 3, Umluft: 180° C) vorheizen.

3   Teig erneut gut durchkneten, Arbeitsfläche mit restlichem Mehl bestäuben, Teig darauf rund (Ø 28 cm) ausrollen und auf ein mit Backpapier ausgelegtes Backblech legen. Tomaten mit Curry, Paprikapulver, Essig, Honig, Salz und Pfeffer verrühren und Teig damit bestreichen.

4   Paprika waschen, entkernen und in Streifen schneiden. Würstchen in Scheiben schneiden. Restliches Öl in einer Pfanne auf hoher Stufe erhitzen, Würstchenscheiben mit Paprikastreifen darin ca. 3 Minuten anbraten und auf der Tomatensauce verteilen. Mit Käse bestreuen und im Backofen auf mittlerer Schiene 25–30 Minuten backen. Currywurstpizza servieren.

Gut zu wissen!

Bei Geflügelwürstchen gibt es große SmartPoints Unterschiede, die du mit der WW-App schnell vergleichen kannst.

Register nach Plan

	🟢	🔵	🔴	Seite
Ananas-Reis-Torte mit Kokosboden	7	7	6	31
Apfelkuchenkekse mit Streuseln	4	3	3	74
Apfeltarte, saftige	5	3	3	40
Aprikosengalette mit Pistazien	6	5	5	15
Birnen-Zimt-Kuchen	6	6	6	23
Broccoliquiche mit Gorgonzola	5	4	4	89
Brötchen mit mediterranen Kräutern	4	3	3	85
Cheesecake im Glas mit Beerensauce	5	3	3	53
Currywurstpizza	4	4	4	105
Donauwellenschnitten	5	4	4	28
Drip-Drop-Beerentorte	8	6	6	12
Erdbeercupcakes	9	9	9	70
Erdbeerkuchen mit Zitronen-Buttermilch-Creme	5	4	4	27
Erdnuss-Brownies mit weißen Bohnen	5	3	3	65
Flammkuchen mit Salami und Champignons	8	8	8	97
Flammkuchen mit Spinat und Pilzen	3	3	3	78
Gemüserolle mit Kräutercreme	1	0	0	81
Hefetaschen mit Himbeercreme	7	6	6	62
Heidelbeerdonuts	5	4	4	49
Heidelbeertarte mit Minzguss	6	5	5	24
Himbeertorte mit Schokofäden	6	5	5	20
Kaffee-Brownie-Happen	3	2	2	50
Kichererbsen-Schoko-Cookies, vegane	3	3	3	46
Limettenkipferl	1	1	1	66

	🟢	🔵	🟣	Seite
Mango-Joghurt-Torte	5	4	4	36
Mini-Marzipan-Gugelhupfe	7	6	6	61
Mohnkuchen	6	5	5	39
Nicecream-Torte	1	1	1	19
Oatmeal Cookies	2	2	2	57
Pizzahappen mit Blumenkohlboden	2	1	1	90
Roggenmischbrot mit Körnern	3	3	3	101
Schoko-Chai-Muffins	6	6	6	54
Schoko-Creme-Torte mit Beerenspiegel	6	5	5	35
Schoko-Doppelkekse mit Cremefüllung	3	3	3	69
Schoko-Kirsch-Kuchen im Glas	7	6	6	58
Taco-Taschen	4	3	3	98
Thunfisch-Pizzafladen mit Kapern	5	5	5	86
Tiramisu-Torte mit Quarkcreme	6	5	5	16
Tomatenquiche mit Basilikumcreme	5	4	4	93
Vollkorncracker, knusprige	1	1	1	91
Windbeutel, herzhafte	1	1	1	102
Wurzelgemüse-Paprika-Strudel	4	4	4	94
Zimtschnecken, leichte	4	4	4	73
Zupfkuchen, cremiger	8	6	6	43
Zwetschgenwähe	5	4	4	32
Zwiebelküchlein, kleine	4	3	3	82

Register nach Zutaten und Stichworten

Sandra, -22 kg

Genussvoll abnehmen mit WW!

Mit WW erreichst du dein Abnahme-Ziel schnell, einfach und langfristig und kannst dabei weiterhin alles essen und genießen, was du liebst.

Impressum

Redaktion
WW Deutschland
Claudia Braun, Iris Hermann, Ewa Tacke

Rezepte & Realisierung
Food Professionals Köhnen GmbH, Sprockhövel
Silke Höpker, Dorothe Trzensimiech,
Insa Weißpfennig

Fotografie
Klaus Arras, Florian Bonanni, Carsten Eichner,
Dirk Przibylla, Hubertus Schüler,
WW International

Foodstyling
Katja Briol, Sylvia Hartmann, Maren Jahnke,
Thomas Lauterbach, Stefan Mungenast, Carina
Seppelt, Katharina Wetjen, WW International

Bildnachweise
WW International, Getty Images S. 9

Gestaltungskonzept & Grafik
Niehaus Knüwer and friends GmbH
Werbeagentur, Düsseldorf
Food Professionals Köhnen GmbH, Sprockhövel

Druck
paffrath print & medien GmbH, Remscheid

WW (Deutschland) GmbH
www.ww.com
Info-Hotline 0211 - 3805 3813
ISBN: 978-3-9820647-8-9

Wir freuen uns auf deine Bewertung dieses
Kochbuchs unter: weightwatchers-shop.de

1. Auflage 2020
WW Coin Logo, SmartPoints, Points, ZeroPoint und
WW Healthy Kitchen sind eingetragene Marken von
WW International, Inc.
© 2020 WW International, Inc.